AF590609

LES

DINKAS NILOTIQUES

PAR

LE Dr HENRY GIRARD

Médecin de la Marine,
Professeur à l'École de Médecine navale de Toulon.

(Extrait du N° 4 de *L'Anthropologie*, Juillet-Août 1900.)

PARIS
MASSON ET Cie, ÉDITEURS
120, BOULEVARD SAINT-GERMAIN
1900

LES DINKAS NILOTIQUES

PAR

le Dr Henry GIRARD

Médecin de la marine, Professeur à l'École de Médecine navale de Toulon

I

GÉNÉRALITÉS

Bien que la complication ethnique, comme le fait remarquer Machat (1), paraisse moindre au Soudan oriental que dans les bassins du Niger et du Sénégal, cependant nombreux encore et fort variés peut-être, sont les divers éléments nègres répartis sur une zone assez limitée, telle celle arrosée par les affluents du Haut-Nil Blanc. Une trentaine de groupes nominaux, *Nouers*, *Dinka*, *Chillouk*, *Bari*, *Latouka*, *Diour*, *Makraka*, pour ne citer que les plus importants forment un ensemble s'étendant de Fachoda au lac Albert-Nyanza et se dispersent sur cette région basse, grandement marécageuse, qui est la *Savane* des géographes et dont le *Bahr el-Ghazal* comprend la majeure partie. Ce sont eux que l'anthropologiste réunit sous le terme commun de *Nègres Nilotiques* et auxquels, avec quelque raison, Frobenius (2) a appliqué le qualificatif à la fois si juste et si expressif de *Nègres de Marais* (Sumpfenger). Leur pénétration trop récente et la connaissance incomplète que nous avons de ces populations ne permettent pas de déterminer les caractères secondaires nécessaires à un essai de classification ; néanmoins, en s'en tenant à une conception très générale et en se basant tant sur l'anatomie des formes que sur les particularités de la langue, on peut admettre que ces diverses fractions nigritiques ne seraient pas fort éloignées l'une de l'autre, si du moins on s'en réfère au témoignage des explorateurs qui les ont visitées et étudiées (Peney,

(1) Machat, *Les conditions géographiques du Soudan égyptien*, in *Revue générale des sciences* (1899).

(2) Frobenius, *Die Heiden-Neiger des Egyptischen Sudan* (1893).

Baker, Hartmann) (1). Baker (2) est très explicite à ce sujet : « En vain, dit-il, ai-je essayé de déterminer une différence notable; la seule que je puisse constater dépend de la manière de se parer ou de s'arranger les cheveux... Depuis le commencement des tribus nègres au 12° de latitude Nord jusqu'à 4° 30 dans l'Ellyrie, je n'ai trouvé aucune différence spécifique; le changement a lieu quand on arrive à Latouka et s'explique surtout par le mélange avec les Gallas. »

Hartmann (3) et Hamy (4) se rangent entièrement à cette manière de voir; pour eux, les différences constatées seraient purement d'ordre ethnographique.

Telle est l'impression qui, à première vue et à la seule inspection, se dégage des Nilotiques. D'autre part, l'examen des documents photographiques et leur mise en parallèle, ne sembleraient aucunement infirmer la sensation visuelle (Hamy). Resterait donc à savoir, si, par son contingent de mesures, de rapports et d'indices, l'anthropométrie dont la rigueur ne saurait être contestée pourrait, conformément aux données de l'œil, reconnaître et définir cette identité.

Malheureusement, il faut en convenir, les matériaux métriques dont nous disposons sont d'une insuffisance trop grande pour qu'on puisse les utiliser dans ce sens. A peine, en effet, comptons-nous dans les collections tant françaises (Muséum, Société d'Anthropologie) qu'étrangères une vingtaine de crânes de cette provenance, sur lesquels nous ayons quelques renseignements. Quant aux relevés faits sur le vivant, leur infériorité est encore plus marquée, car ils ne portent même pas sur dix individus (Hamy, Simon, Stuhlmann) ; à ces chiffres, nous venons ajouter notre très mince contribution : ayant eu la bonne fortune de trouver parmi les indigènes ramenés à Toulon par la mission Marchand, trois échantillons nilotiques appartenant à la famille Dinka, nous nous sommes attaché à prendre sur eux un certain nombre de mesures, tout au moins les plus intéressantes. Cet infime apport forme la base de notre petit travail; nous ne donnerons à celui-ci aucune conclusion, n'ayant d'autre but, en l'offrant, que de fournir un simple appoint

(1) Peney, *Étude sur l'ethnographie, la physiologie, l'anatomie, les maladies des races du Soudan*, in *Bulletin de la Société de géographie*, t. XVII (1859).

(2) W. Baker, *Découverte de l'Albert-Nyanza. Nouvelles explorations des sources du Nil* (1868).

(3) Hartmann, *Die Nigrieter* (1876).

(4) Hamy, *Les Nègres de la vallée du Nil* (*Revue d'anthropologie*, 1881).

documentaire. Toutefois, à défaut de déductions à tirer, nous permettra-t-on d'opposer nos résultats à ceux que nous possédons sur des types similaires et de rechercher s'ils concordent avec ce que nous savons déjà des Nilotiques.

II

LE PAYS DINKA

Parmi les peuplades du Haut-Nil, les Dinkas occupent le territoire le plus étendu : leur domaine se développerait dans le Bahr-el-Ghazal, sur une superficie de plus de 10.000 kilomètres carrés (Reclus) (1). En outre, ils représenteraient numériquement, avec les Chillouks, les deux groupes les plus importants ; leur nombre dépasserait un million d'individus (Deniker) (2), chiffre élevé pour une zone dont la densité de population peut être estimée comme excessivement faible (Junker) (3). Est-il nécessaire de faire remarquer que, constituées de tribus guerrières, il leur fut plus facile qu'aux vieux Nilotiques, avant tout pêcheurs ou agriculteurs, de sauvegarder leur liberté et de se défendre contre les invasions des négriers sémites ?

Pour les limites du pays Dinka, nous ne saurions mieux faire que de nous en rapporter aux notes fournies à ce sujet par de Tonquedec (4) qui, dans un rapide exposé, a condensé toute une série de faits des plus intéressants. Selon lui, ce pays qui s'étend de Dem-Ziber au Nil formerait un triangle dont les limites seraient les suivantes :

Au nord, le Bahr-el-Homr et une ligne passant au sud de Mechra El-Rek, à la hauteur du confluent du Goulmar et du Nam-Rohl et venant finir au Nil au-dessus de Gamba-Chambé.

A l'est, le Nil Blanc jusqu'à Bohr.

Au sud-ouest, une ligne partant du Nil à quelque distance de Bohr, rencontrant le Nam-Rohl au dessous d'Ayak, coupant successivement le Nam-Djaou et le Toudj au sud d'Hassam et de Djom-Ghattas et passant au confluent de la Waou avec le Soueh, d'où elle rejoint le Bahr-el-Homr.

Dans le nord-ouest, d'après Reclus, les Dinkas se projetteraient

(1) Reclus, *Géographie universelle*, t. X.

(2) Deniker, *Races et peuples de la terre* (1900).

(3) Junker, *Reisen in Africa*. Vienne (1889-1890). Sur la Savane, la densité ne dépasse guère quatre âmes au kilomètre carré.

(4) De Tonquedec, Lettre in journal le *Matin* (26 février 1900).

quelque peu en dehors de ces limites; ils iraient jusqu'au Sobat et apparaîtraient même en aval du confluent de cette rivière avec le Nil, sur la rive droite du Bahr el-Abiad.

Ils ne forment pas un groupe unique. Dinka (1), en effet, est un terme collectif sous lequel viennent se ranger une centaine de tribus ou de familles qui conservent vis-à-vis les unes des autres une certaine indépendance. Les principales d'entre elles sont les Laos et les Recks en contact avec les Nouers à la hauteur de Mechra El-Rek, les Dembo, les Djank, les Adjak, les Awan, les Ager, les Lou dans l'ouest du Djaou; les Ayarrs, les Mocks, les Diouhirs, les Al-Ouadjs, les Toudjs entre le Djour et le Toudj, les Ayells et les Rohls sur le Rohl; les Goko à Hassam, les Agars à Roumbek, les Kitch et les Elyab sur la rive gauche du Nil; les Bors et les Touitch sur la rive droite et enfin les Moudjangh au confluent du Nil et du Sobat.

Voyons maintenant quels sont leurs voisins les plus proches. Touchant au pays des Derviches, et échelonnés au dessous des Nouers vers le nord, ils sont encadrés dans l'ouest par les Nigritiens orientaux dont les caractères somatiques et glossologiques accusent une infiltration négro-nilotique indéniable (Nachtigal) (2). Dans l'est et le sud-est les Chillouks (Néo-Nilotiques) les Noubas (Niloto-Éthiopiens), les Gallas, les Baris, les Latouka (Niloto-Éthiopiens) les séparent des Éthiopiens purs. Enfin, une longue bande désertique les isole au sud-ouest des Zandès; « sans habitants et sans eau, cet espace de terrain est la défense naturelle protégeant les Dinkas contre les Zandès » (de Tonquedec).

Jusqu'au début de ce siècle, l'histoire des Dinkas se confond avec celle des Nilotiques pris en masse et sur ceux-ci d'ailleurs nous n'avons que des données assez vagues. Quand nous aurons rappelé que le premier contact des Nègres avec le peuple d'Égypte remonterait à la VIe dynastie (3), que les rois du Moyen et du Nouvel Empire eurent à lutter contre des invasions noires, comme le relatent les monuments épigraphiques; que les Pharaons se livrèrent à la chasse aux esclaves ; que deux centurions romains, sous Néron, visitèrent la région appelée depuis Bahr El-Ghazal; que les conquérants arabes ont laissé de vagues souvenirs de leurs incursions

(1) Synonymes : Denka, Djangké, Djingké, Djanga, Mondjaus, Djeng.

(2) Nachtigal, *Sahara und Sudan*. Berlin-Leipzig (1879-1889).

(3) Pour les égyptologues, les Oua-Ouas, battus par le roi Pepi Merira (VIe dynastie), seraient des nègres.

et qu'enfin en 1480 les Chillouks s'emparèrent du Sennaar (1), nous aurons à peu près réuni tout ce qu'on connaît actuellement sur la question.

On suppose que venus du nord-est, Dinkas, Chillouks et Nouers, auraient occupé un territoire plus élevé en latitude que celui où nous les trouvons aujourd'hui ; jusqu'aux confins du désert de Libye, on peut du reste suivre leurs traces (2). Toutefois ils n'auraient pas été les premiers occupants des Hautes-Régions nilotiques ; ils y auraient été précédés par d'autres noyaux nigritiques dont les Yambos, les Bougos, les Baris et d'autres petites peuplades à peu près éteintes semblent être les derniers vestiges (vieux Nilotiques) (3) ; à leur tour, sous la domination turque surtout, ils ont dû subir le joug de l'envahisseur. Refoulés vers la région des marais et des lacs, éparpillés, disloqués, amoindris dans le nombre par la traite, ils n'en ont pas moins gardé leur autonomie et quelque importance, comme groupe ethnique.

La première mention particulière qui soit faite des Dinkas se trouve dans le récit du voyage de Cailliaud au Nil Blanc ; la description qu'il nous en a tracée et dont Malte-Brun a reproduit les principaux passages ne diffère nullement de celles qui ont été données depuis. Après lui, toute une vaillante pléiade d'explorateurs entraînés par les mobiles les plus divers, commerciaux, scientifiques ou politiques, ont visité le Bahr el-Ghazal (Lejean, Linant de Bellefonds, Petherick, les frères Poncet, les dames Tinne, Bolognesi, Heuglin, Schweinfurth, Casati, Marchand) (4) et se sont trouvés en contact avec ces tribus. Pour ne pas compliquer ce mémoire nous renvoyons aux notes, où nous les disposons dans l'ordre chronologique, l'énumération des travaux dans lesquels celles-ci sont signalées. Réservons pourtant une place spéciale à Schweinfurth et à Casati : leurs livres comptent parmi les meilleurs et les

(1) Ils en furent dépossédés en 1821 par Mehemet-Ali.

(2) Le fond de la population du Darfour et du Kordofan est formée par les Nilotiques groupés par les Sémites (J. Machat).

(3) De Martonne, *La vie des populations du Haut-Nil* (*Annales de géographie*, t. VI).

(4) Cailliaud, *Voyage à Meroë et au Fleuve Blanc* (1826-1827) ; Malte-Brun, *Géographie universelle* (1842), t. V, p. 391 ; Linant de Bellefonds, *Journal of a voyage on the Bahr-el-Abiad* (*Royal geog. Soc. of London*, 1832) ; Petherick, *Egypt the Sudan and Central Africa*. London (1861) ; Bolognesi, *Voyage au pays des Gazelles* (*Tour du Monde*, 1862) ; Stendner, *Reise auf dem Bahr-el-Abiad und dem Bahr-el-Gazal*. Berlin (1864) ; G. Lejean, *Voyage aux deux Nil*. Paris (1865) ; Heuglin, *Reise in das Gebiet des Weissen-Nil und seiner westlichen Zuflusse*. Leipzig, 1869 ; Schweinfurth, *loc. cit.* ; Stuhlmann, *Mit Emin Pacha in Herz von Africa* (1894) ; Casati, *Dieci anni in Equatoria*. Milan (1895).

plus complets ; tous les caractères ethnographiques y sont peints avec une finesse de touche et une exactitude vraiment remarquables ; n'étaient le caractère quelque peu fantaisiste des dessins, le manque de reproduction photographique et l'absence de mesures, ils représenteraient ce que nous possédons de mieux sur les Nilotes.

III

PRINCIPALES DONNÉES ANTHROPOMÉTRIQUES

Avant d'entrer dans le détail des observations et la discussion des diverses mesures, nous croyons opportun de transcrire en tête de cette partie de notre travail quelques lignes consacrées à la description des caractères tout extérieurs des Dinkas et empruntées à des observateurs bien différents quant à leurs tendances personnelles.

Consultons d'abord Schweinfurth : « Comme tous les hommes de marais, dit-il, ils ont la jambe longue et décharnée qui caractérise l'espèce. Le corps nerveux, carré est surmonté d'épaules anguleuses et horizontales. Un long cou, légèrement contracté à la base, correspond chez eux à la forme de la tête qui se déprime au sommet et par derrière et qui, en général, est étroite et aplatie ; ordinairement la mâchoire est très large. »

Sautons ensuite à la définition sèche mais rigoureusement concise d'Hamy : « Tête allongée au front étroit et bombé, aux tempes aplaties, nez court et dilaté, lèvres épaisses, bouche largement fendue, dents très régulièrement plantées, oreilles bien bordées, d'une petitesse remarquable. Larges épaules, torse robuste contrastant avec un bassin étroit et des jambes presque sans mollet. »

Citons enfin de Tonquedec : « Les Dinkas sont physiquement assez bien constitués, quoique ayant les membres trop longs pour leur corps. Cette disproportion entre les membres et le tronc les a fait justement comparer à des échassiers. Le profil est plus fin que chez les autres peuples que j'ai vus en venant de l'Océan ici. Le nez est souvent droit et leurs lèvres moins épaisses. »

Malgré de légères variantes, toutes ces notes, comme on le constate, concordent et se complètent. Sur leur fond se détache un type suffisamment définissable pour être utilisé comme terme de comparaison. A nous d'en faire notre profit.

Passons donc en revue les principales données que taille, crâne, visage, tronc et membres nous fournissent ; si ces résultats sont conformes aux faits signalés, nous verrons dans quelles limites on doit tenir compte d'appréciations presque exclusivement basées sur des apparences physiques.

La taille. — Les trois indigènes que nous avons mensurés et qui appartiennent au groupe des Dinkas de l'est, nous donnent une moyenne taille de $1^{m},775$ avec des variations extrêmes de 1,705 à 1,862. Ces chiffres les classent donc parmi les individus de haute stature, ce qui s'accorde avec les quelques données que nous avons pu trouver. D'après Reclus (1), les *Dinkas orientaux* seraient les plus grands des Africains; chez eux, il ne serait point rare de trouver des hommes atteignant $1^{m},80$. Une de leurs tribus, celle des Kitch, se distinguerait particulièrement; R. Buchtd (2) lui attribue des tailles allant de $1^{m},70$ à $1^{m},95$. Par contre, les Dinkas de la branche occidentale dépasseraient rarement la taille ordinaire. Les mesures prises dans l'ouest du Bahr el-Ghazal, auraient donné à Schweinfurth « une moyenne inférieure à celle des Cafres (3), mais à peine supérieure à celle des Anglais (?) » (3). Cependant la moyenne de 1,74 que lui fournit une bonne série formée par 26 de ces indigènes, nous semble encore assez respectable, surtout si nous la comparons à celle qu'on tire en bloc des Nigritiques, dont les extrêmes oscillent de $1^{m},70$ (Mandingues), à $1^{m},73$ (Foriens).

Parmi les Nilotiques nous trouvons encore cette mesure relevée chez les Latoukas, vieux Nilotiques, bordant les rives du fleuve au dessus de Gondokoro; sur eux, Baker (4) aurait obtenu une hauteur moyenne de $1_{m},82$ (5).

En somme, de ces chiffres il résulte que les Nilotes, les Dinkas en particulier, ont une taille élevée et que sur ce point ils l'emporteraient d'une certaine proportion sur les autres races nègres.

Le crâne. — En dehors de la taille, le fait qui a le plus frappé tous les observateurs est l'allongement exceptionnel que présente le crâne Dinka. Or les trois indices céphaliques que fournissent nos sujets et qui se résument sur le terme 69,17, montrent que ces derniers répondent aussi à l'impression commune. Cette moyenne est bien la marque d'une dolichocéphalie des plus prononcées, telle qu'il est douteux de la voir dépassée sinon dans les autres races, du moins chez les Nigritiques. Toutefois il ne faudrait pas se payer de

(1) Reclus, *Géographie universelle. Afrique septentrionale*, t. X.

(2) R. Buchtd, *Petermann Mittheilungen* (1881).

(3) T. des Cafres = 1,715. T. des Anglais = 1,719 (Deniker).

(4) Baker, *loc. cit.*

(5) Stuhlmann, *Anthropologische Aufnahmen* in *Verhandl. der Berliner Gesells. für Anthropologie* (1895). Tous les Nilotiques, sauf les Bayaoui, seraient très grands.

mots. Les Dinkas détiendraient-ils réellement le record de l'indice céphalique, ou nos chiffres ne seraient-ils qu'une exception due au hasard de la formation sériaire? C'est ce qu'il s'agirait de démontrer. Quoique nous nous soyons interdit toute discussion, nous nous croyons pourtant autorisé à les comparer à ceux que nous trouvons dans les notes anthropologiques se rapportant aux crânes nilotiques. Quelque médiocres que soient — comme nombre — les termes comparables, peut-être nous ménageront-ils des rapprochements qui ne manqueront pas d'un certain intérêt et dont nous pourrions tirer un parti utile. C'est dans ce but que nous avons réuni, dans le tableau qui suit, les principales données que nous avons recueillies.

NOMBRE	TRIBUS	D. ant. post.	D. transv.	D. bizyg.	D. front. mim.	Indice céphalique	Indice céphalo-zygomatique	PROVENANCE
3	Dinkas (V) . .	19,7	13,6	13,2	10,4	69,17	96,8	Notre série
1	Dinka (V). . .	18,9	13,7	12,6	10,0	72,48	91,1	Hamy
1	Chillouk (V). .	18,0	13,0	12,5	9,9	72,22	96,1	Hamy
4	Nilotiques (C).	18,0	12,8	12,9	9,4	71,11	100,8	Hamy
8	Nilotiques (C).	»	»	»	»	72,10	»	Crania Ethnica
2	Chirs (adul. C).	18,3	13,0	12,9	»	71,86	99,2	Hamy
1	Chir (enfant).	16,7	12,5	10,3	8,7	74,85	82,4	Hamy
		Indice céphalique moyen (abstraction faite du crâne Chir, enfant).				71,97	»	»
11	Soudaniens orientaux (C).	18,0	12,9	12,8	9,5	71,66	99,2	»
		V. — Observations faites sur le vivant. C. — Observations faites sur le crâne.						

Ainsi qu'on peut s'en rendre compte, ces quelques citations ne sauraient être considérées commme un rappel superflu ; en effet, malgré la petitesse numérique des séries, la diversité des sujets mensurés, le caractère moins qu'homogène de nos associations, il ressort de cette assemblage assez disparate quelques notions qu'il importe de ne pas négliger.

L'indice céphalique moyen (71,97), où nous conduit un ensemble qui représenterait presque la série suffisante de Broca, nous montre, dès l'abord, que, vraisemblablement, une dolichocéphalie peu ordinaire doit couvrir toute la région du Haut-Nil.

En second lieu, les chiffres signalés prouvent que les Dinkas

Fig. 1. — Dinkas originaires des environs de Fachoda.

n'ont pas le monopole exclusif d'un crâne à la longueur démesurée, mais que toutes les tribus nilotiques doivent être associées dans ce caractère. C'est du reste l'opinion émise par Virchow, Stuhlmann, Simon (1) ; à leur avis, la généralité des Nilotes (Chillouk, Denka, Alour, Bayaoui) seraient très dolichocéphales ; l'indice 66,5 qu'ils rapportent, vient au mieux appuyer cette façon de voir,

Enfin, la moyenne offerte par les Soudanais orientaux nous montre que, dans le nord-ouest, il se fait, loin des rives du Nil, une diffusion dolichocéphalique qui a sa signification particulière et dont il importe surtout de faire ressortir la qualité (16 = 71,60). Dans cette direction on relève une véritable traînée nègre nilotique, comme en des sens tout opposés on rencontre l'imprégnation éthiopienne.

(1) Virchow, Stuhlmann, Simon, *Verhandlungen der Berliner Gesellschaft für Anthropologie* (1895).

En dehors du sang, des rapports glossologiques indéniables confirmeraient ce rapport (1). D'ailleurs nous admettrons donc, jusqu'à plus ample démonstration, cet excès de dolichocéphalie pour la race qui nous occupe, et cela avec d'autant plus de raison que l'écart que nous trouvons de ce chef entre nos Nilotes et les groupes nègres, non rattachables aux Bantous, est suffisamment marqué pour constituer un véritable caractère différentiel.

Citer quelques chiffres raccourcira notre commentaire :

Nègres du Dar Fertit (Spengel et Ecker) C . .	I.c. = 75,5 (2)
Ethiopiens (Chantre) V.	I.c. = 75,7 à 78,1
Wadjaga (1) du Masaï (Virchow) V	I.c. = 74,37
Soudanais occidentaux (Collignon) V.	I.c. = 75,05
— — (Verneau) V	I.c. = 75,53
— — (Deniker et Laloy) V . .	I.c. = 75,30

Ceci, à la vérité, est toujours de la dolichocéphalie, mais avec une différence en degrés telle qu'elle ne saurait rester chose indifférente.

Non seulement, le crâne dinka est fort long, mais il paraît aussi d'une hauteur et d'une étroitesse remarquables, les indices verticaux de longueur et de largeur répondent parfaitement à cette apparence ; il représente bien le crâne *hypsisténocéphale* pour employer l'expression créée par Davis :

Ind. vert. de long. = 68,02
— de larg. = 98,53

Sur deux sujets mesurés par Hamy, nous trouvons dans l'indice haut.-larg. une orientation identique. Nous devons, il est vrai, tenir compte de l'âge des sujets ; mais l'exagération indiciale, elle-même, n'est-elle pas le meilleur signe que nous puissions signaler ?

1 Dinka	I. vert. long. = 74,07 — larg. = 91,44	1 Chillouk	I. vert. long. = 78,33 — larg. = 108,40

(1) Nous croyons utile de noter ici quelques indices *Nouba* :
1 crâne Nuba Fazogl, 66,4
3 crânes Fazogl, 71,1
2 — Dongola, 73,5
(Éthiopiens ou Nilotes?)

(2) Spengel et Ecker, *Die anthropologischen Sammlungen Deustchlands* (Gœttingue et Fribourg) ; Virchow, *Anthropologie des nègres d'Afrique* (*Zeitschrift für Ether*, 1889) ; Collignon, Notes inédites et in *Maures du Sénégal* (*L'Anthropologie*, 1896) ; Verneau, *Ouoloff, Seybous et Sérères* (*L'Anthropologie*, 1895) ; Deniker et Laloy, *Les races exotiques*, etc. (*L'Anthropologie*, 1890).

Reportons-nous, pour terminer, à la belle série de 40 Nègres du Sénégal, que nous empruntons à Collignon :

I. vert. long. = 68,42
— larg. = 91,44

Elle nous fournit la preuve d'une forte dolichocéphalie, mais elle est aussi la meilleure démonstration de ceci : si la hauteur cranienne n'atteint pas, chez les Soudanais, celle du crâne Dinka, par contre le développement transversal du crâne prend une toute autre proportion ; si des recherches ultérieures sur les Nilotiques confirment ces résultats, les indices craniens formeraient donc une excellente base ed différenciation.

Fig. 2. — Les Dinkas de la figure 1, vus de profil.

La face. — Si nous passons maintenant à l'examen du visage et de ses principales dimensions transversales, nous y retrouverons une particularité répétée avec une insistance spéciale dans tous les descriptifs des Dinkas. Dès l'abord, en effet, on est frappé de l'étroitesse remarquable de la face et parmi nos indigènes deux représentent au mieux le type qu'en langage vulgaire on a coutume de traduire sous la forme expressive de *figure en lame de couteau.*

La médiocre largeur du front (D. frontal minim. = 10,4) le rapprochement des zygoma (D. bizyg. = 13,2), le rapprochement et la petitesse des branches maxillaires (D. bigon. = 11,0) justifient cette impression. Aussi, bien que les deux mesures extrêmes n'aient qu'une identité relative, — toutes cependant se serrent de si près que la courbe qui les relie, elles et la projection verticale totale, —

définit un ovale assez régulier. Ainsi s'explique dans la physionomie une régularité à laquelle, certes, le Nigritique ne nous a pas habitués (1).

Remarquons également la conformité qui existe entre le crâne et la face (i. céphal. = 69,17 — i. fac. total = 98.2). Tous deux sont allongés (2). Cette association des termes dolichocéphale et dolichofacial, mérite d'être retenu, car, comme le fait remarquer Topinard, une pareille harmonie entre ces deux parties peut être acceptée comme un caractère précieux en classification.

Quant aux proportions verticales, si nous les combinons à la façon classique et si nous les rapportons à la tête (= 100), voici les diverses proportions qu'elles nous fournissent.

RAPPORTS	*Dinkas*	*Nègres* (Topinard)
Point d'implantation des cheveux. . . .	15,8	10,1
Limite à racine du nez.	32,3	35,8
Racine à base du nez	20,9	22,5
Base du nez à menton.	31,0	32,5
Vertex à racine du nez.	48,1	45.8
Vertex à ophryon	38,8	38,6
Ophryon à espace interdent	42,4	41,6
Espace interdent. à menton	18,9	19,3
Ophryon à menton	61,1	60,9

Comme on peut en juger par ce tableau, l'application de l'équerre céphalométrique sur un nouveau terrain donne des résultats conformes à ce qu'on est en droit d'attendre de la méthode. Dans l'ensemble, en effet, nos proportions sont en concordance parfaite avec les données et les prévisions de Topinard (3) ; les chiffres que nous lui empruntons et que nous plaçons en regard des nôtres le démontrent suffisamment, si l'on veut bien faire abstraction de la qualité mal définie des sujets appartenant à la série de comparaison. Les différents rapports peuvent donc être considérés comme identiques. Quant aux dissemblances qu'on constate dans les deux premiers, nous ne croyons pas qu'il y ait lieu d'en exagérer la valeur, la mise en place de la tête influant beaucoup sur le degré et la nature de ces variations. Tenons compte ainsi du fait que les mesures ont été prises non sur le vivant, mais sur des bustes (4).

(1) Différence en bizygomatique. Trans. max. + 4,5
Front. minim. — 12,2
Bigoniaque — 9,17
Indice céphalo-zygomatique = 96,8

(2) HAMY, *loc. cit.* : « Dans les deux groupes (Chillouk et Denka) la tête est sensiblement plus haute que large, la face offre des proportions à peu près identiques. »

(3) TOPINARD, *Anthropologie générale*, p. 991 et seq.

(4) TOPINARD, *Anthropologie générale*, p. 990. Quatorze nègres du laboratoire (buste).

En résumé, le front haut, étroit et bombé que nous notons, répond bien à la dolichocéphalie que le crâne nous avait accusé, le raccourcissement de la région nasale est en corrélation directe avec la forme d'un nez que nous définirons plus bas, le développement supra-buccal justifie un prognathisme médiocrement prononcé ; enfin, la région sous-buccale réduite à des proportions normales explique la finesse de la partie inférieure de la face (1).

L'indice nasal moyen atteint 91,04. Les Dinkas sont donc platyrhiniens, mais pour des Nigritiques cette platyrhinie est tout à fait relative. Elle correspond du reste au descriptif de cet organe : forme droite, racine assez saillante, largeur moyenne du dos, ailes un peu grossières, écartées, mais modérément aplaties, lobule dépassant à peine leur projection ; au total, un nez ni beau ni laid.

Les yeux sont grands (D. bi-ang. = 30,5) légèrement saillants, assez distants (D. bicaroncul. = 34,0).

La bouche est large (56,0), mais les lèvres sont fines. Il y a du prognathisme, mais il n'a rien d'excessif ; il provient surtout du maxillaire supérieur. La projection dentaire par contre est à peine sensible (2). Les dents sont blanches, bien conservées, régulièrement plantées (3).

Les pommettes sont petites, légèrement saillantes ; elles semblent converger antérieurement, ce qui accentue davantage l'étroitesse du visage.

L'oreille est petite, bien ourlée, non ramenée en avant : le sillon de l'anthélix descend sur le lobule qui est court et détaché :

Étendue = 49,1
Indice = 63,7
Long = 60,0

Appelons l'attention sur ces deux derniers chiffres ; l'indice auriculaire qui constituerait une excellent caractère sériaire (Topinard) serait ici particulièrement élevé. A noter encore la disposition sur un même plan de l'oreille et du zygoma.

Le système pileux est peu développé, les cheveux sont courts et très crépus.

La couleur de l'iris est d'un noir fortement foncé ; elle répond au n° 1 de l'échelle chromatique de Broca.

(1) Reclus : « Ces nègres sont loin d'offrir en majorité ces bouches lippues, ces mâchoires avancées, ces figures plates, ces nez écrasés à large narine qu'on s'imagine être le partage de tous les Africains. »

(2) Hamy : « L'angle de Camper s'ouvrant de 83°, l'angle alvéolaire n'en mesure que 74. »

(3) Schweinfurth : « les dents cariées sont très communes. »

La peau offre une teinte mate, noir cendré (n°). Hamy relève une coloration analogue : oscillation de 28 à 43 (Chillouk), de 27 à 43 (Dinka). C'est également l'impression de Schweinfurth : « lorsque la peau est frottée d'huile, dit-il, elle a un éclat pareil à celui du bronze; mais il est rare de rencontrer cette nuance; lorsque la peau est nue, elle s'écaille et devient grise après la chute de l'épiderme. »

Les proportions du corps. — Rapportée à la taille, les Dinkas offrent une tête relativement petite (12, 9). Il ne faudrait pourtant pas en déduire que son volume fut très inférieur. Il suffirait du reste de s'en référer aux mesures brutes pour voir que, de ce chef, sa valeur absolue ne présente aucune singularité.

Le cou (R = 4,5) répondant à l'impression notée est grêle et court. Le tronc est moins haut (31,4) que dans les races blanches (33,47). Pourrait-on incriminer notre technique à propos de ce résultat? A cette critique prévue nous répondrons qu'après calculs une vérification fut faite et que sa concordance montra que ce chiffre était bien l'expression de la réalité et que l'affaissement ne devait nullement être mis en cause.

Les proportions de cette section somatique examinée tranversalement (D. bi-acrom. = 20,3; D. bi-hum. = 22,3) dénoncent une étroitesse d'épaules particulière. Nos Dinkas confirmeraient donc le principe qui veut qu'aux races de haute taille correspondent un thorax mince et des épaules courtes.

De même considéré dans sa partie inférieure, le tronc apparaît plus étroit que chez d'autres peuples :

R. bi-iliaq. = 14,6
— bi-trochant. = 17,2

Prenons enfin le rapport des hanches au diamètre maximum des épaules et de celui-ci à la largeur minima du bassin et comparons-les à ceux d'Européens :

Dinkas : 77,5		Français	77,72
66,6	65,2	(Collignon)	69,16

Ces différences entraînent un retrécissement du bassin et une minceur de taille plus marquées.

Le membre supérieur (mesuré de l'acromion au médius) possède un indice de 46,84; le bras est donc long. Dans une race donnée sa longueur devrait être en raison inverse de la taille; à citer nos mesures on constatera qu'elles ne font point exception à ce principe :

Taille = 1,705	Ind. brach. = 47,44
1,758	46,80
1,862	46,29

Tous les segments du membre (sauf la main qui est petite) participent à l'allongement :

Rap. (T = 100)	Coudée	= 28,0
	Bras	= 19,0
	Av.-bras	= 17,4
	Main	= 11,1

La grande envergure est supérieure à la taille de $0^m,07$, d'où l'indice 103,0 : à un bras long une envergure petite. Nous trouvons dans notre cas un défaut de concordance entre les dimensions du tronc, du bras et de la grande envergure, signalé déjà par d'autres auteurs et dont l'explication n'a pas encore été fournie. La plupart des voyageurs s'accordent à trouver la jambe, sans mollet, décharnée et surtout d'une longueur démesurée (Brun-Rollet, Kaufmann, Peney (1), etc.) ; d'où, dans toutes les descriptions, l'inévitable comparaison avec les échassiers qu'Heuglin rapporte et à laquelle il ajoute : « et, comme les oiseaux des marais, ils ont pris l'habitude de se tenir une heure entière immobiles sur un pied, appuyant l'autre jambe au-dessus du genou (2) ».

En est-il réellement ainsi? Déjà Hamy s'est élevé contre cette appréciation et trouve qu'on a exagéré certaines différences de singulière façon. Nos chiffres lui donneraient-il raison :

Membre infér. (T. = 100) = 50,27

Ce rapport dépasserait donc à peine la moyenne normale obtenue chez les Nigritiques et serait la meilleure réfutation d'un lieu commun qui n'a été que trop répété.

IV

NOTES ETHNOGRAPHIQUES

Les Dinkas appartiennent à ce groupe des Néo-Nilotiques (Chillouks, Nouers), qui, vers le nord du Bahr-el-Ghazal et dans le Bahr-el-Djebel, ont toujours eu une influence prépondérante sur les autres Nigritiques. Dans les hautes régions du Nil, comme dans le bassin du Niger, le caractère de la géographie humaine est le même :

(1) Brun-Rollet, *Le Nil Blanc et le Soudan*, Paris (1855) ; Kaufmann, *Das Gebiet des Weissenflusses und dessen bewohner Brixen* (1861).

(2) Th. von Heuglin, *Erganzung zu Petermann Mittheilungen* (1865).

c'est l'asservissement des peuples sédentaires (vieux Nilotiques), agriculteurs ou pêcheurs, par des nomades pasteurs ou chasseurs dont le rôle a été identique à celui des Sémites dans le Soudan égyptien (de Martonne, Frobenius). « La Savane est à ces hommes, d'un brun bistre foncé, grands et sveltes, toujours armés de longues lances, montés parfois à cheval, si peu civilisés qu'ils vont nus, sont restés fétichistes et ne connaissent aucune écriture. Ils n'ont jamais créé de grands États dans le pays où le morcellement était complet lors des expéditions de Mehemet-Ali. Mais ils dominent leurs voisins » (J. Machat). Les Dinkas exploiteraient les Bonjos (vieux Nilotiques), agriculteurs et forgerons (Stuhlmann), comme sur d'autres points des pasteurs éthiopiens gouverneraient les Latoukas et les Baris, et les Nouers ravageraient le territoire des Yambas (de Bonchamps) (1).

De chaque côté de la limite désertique qui sépare les Dinkas des Zandès (Niam-Niam) on trouve disséminés les petits villages des Golos, Ndoggos, Bellandas, Kreichs, Domo, esclaves des Dinkas au nord et des Zandès au sud. Placés de cette façon, ceux-ci reçoivent tous les chocs (de Tonquedec).

Les Dinkas, avons-nous dit, forment un certain nombre de familles à peu près indépendantes. Chez eux, personne ne commande (de Tonquedec). Dans chaque zériba il est un chef surtout nominal (Schweinfurth). Selon Casati, les tribus auraient à leur tête des chefs jouissant de privilèges héréditaires, mais leur gouvernement serait tout patriarcal. La communauté est inconnue.

La langue assez harmonieuse (Schweinfurth) appartiendrait, comme celles des Nilotiques, à une même famille (Peney), mais de ce côté les renseignements sont trop insuffisants pour être fixés.

Ils pratiquent la polygamie, les femmes s'achètent et leur nombre est proportionnel à la fortune du mari ; la première épousée commande au logis : elle préside à la préparation des mets, à l'approvisionnement en eau et en bois, à l'entretien des étables (Casati).

Le fétichisme est seul en pratique et le serpent est l'objet d'un culte particulier. Si l'islamisme n'a pas pénétré les Dinkas, il faudrait en chercher la raison, selon la curieuse remarque de Frobenius, dans la tendance qu'ont les conquérants sémites à ne pas convertir les peuplades noires vouées à la traite. Ils croient à la métempsycose. Ce qui leur vient de malheureux est l'œuvre d'un sorcier et le blanc, pour eux, est capable de tout : c'est à lui qu'on

(1) De Bonchamps, *Une mission au Nil Blanc* (*Bull. Soc. géog.*, Paris, 1898).

vient demander de la pluie, la fin d'une maladie, là naissance d'un garçon (de Tonquedec).

L'art de tisser et de confectionner des vêtements est tout à fait inconnu ; l'homme va complètement nu, la femme pour tout costume pend deux peaux de chèvres à sa ceinture et les laisse retomber jusqu'au genou. Les ornements consistent en bracelets de fer armés de pointes encerclant les poignets et les chevilles, en anneaux de fer étagés sur tout le rebord de l'oreille, en cercles d'ivoire disposés au milieu du bras. La corde au cou est un signe de deuil.

Nous retrouvons ici un mode de mutilation commun au Congo : l'arrachement des incisives inférieures (1). A signaler aussi, comme signe distinctif, un tatouage composé de quatre larges cicatrices qui s'échelonnent parallèles sur les faces latérales du crâne et viennent converger angulairement sur le front et la nuque.

Leurs voisins, les Niams-Niams, les surnomment Atagbondos, *gens au bâton* (Schweinfurth) ; ils ne se séparent jamais en effet d'une massue en ébène, mais leur arme principale est la lance. Ils savent esquiver les flèches à l'aide d'un instrument recourbé en forme d'arc, le *dank*. Ils ont le plus grand mépris pour les armes à feu (Barré) (2) ; seuls les Dinkas au nord de Fort-Desaix ont quelques fusils venant de la rive gauche du Bahr-el-Homr (de Tonquedec).

Peuple essentiellement pasteur, les Dinkas se livrent avec passion à l'élevage du bétail (bœufs, moutons à crinière, chèvres), mais ils ne consomment que la viande des animaux morts de maladie.

Ils emploient le sorgho dans une boisson fermentée. Quant à leur alimentation, elle se compose surtout de laitage, de beurre, de miel et de bouillie.

Aucune industrie, sauf celle du fer qu'ils travaillent avec assez d'habileté. La culture est à peu près nulle; elle se réduit aux plantes qui forment la base de leur nourriture, sorgho, sésame, haricots, ignames, arachides, penicillaria, voandzeia. Quand celles-ci viennent à manquer, ils utilisent des fécules tirées des germes du borassus ou des tubercules du nymphéa.

Nous terminerons ces lignes, en faisant remarquer qu'au point de vue de leurs qualités intellectuelles, affectives et morales, ils ne paraissent pas dépasser la moyenne des Soudaniens orientaux (3).

(1) D'où le surnom d'*Abou-Senoun* (père de la dent saillante).

(2) BARRÉ, *Fachoda et le Bahr-el-Ghazal* in *Bibl. illust. des voyages* (1899).

(3) Voir CAILLIAUD, SCHWEINFURTH, CASATI, VERNEAU (*Les races humaines*), HOVELACQUE et HERVÉ (*Précis d'anthropologie*).

Tête.

I

MESURES BRUTES

	CRANE			FACE		NEZ		YEUX		OREILLES		Longueur de l'œil.	Bouche.	V. à limit. cheveux.	V. à ophryon.	V. à racine du nez.	V. à épine nasale.	V. à esp. Juter.	V. à menton.	Trou audit.
	D. ant. post. max.	D. trans. max.	D. frontal mini-mum	D. larg. bizy-gom.	D. bigo-niaque	Haut.	Larg.	Bi-caronc.	Bi-ang.	Long.	Larg.									
MESURES INDIVIDUELLES	20,2	13,6	10,1	13,1	11,2	5,0	4,1	3,2	9,7	5,8	3,5	32,5	5,4	4,2	9,3	11,6	16,4	19,5	24,0	13,3
	19,5	13,6	10,4	13,1	10,7	4,7	4,6	3,8	9,5	6,1	4,0	28,5	5,5	3,5	8,7	10,7	15,0	17,8	21,6	13,8
	19,5	13,8	10,8	13,5	11,3	4,6	4,3	3,4	9,5	6,1	4,0	30,5	6,1	3,2	8,7	10,8	16,2	18,6	23,3	13,3
MOYENNES	19,7	13,6	10.4	13,2	11,0	4,7	4,3	3,4	9,5	6,0	3,83	30,5	5,6	3,6	8,9	11,0	15,5	18,6	22,9	13,4

II

RAPPORTS ET INDICES

	INDICES											R. TÊTE = 100						RAPPORT à bizygom. des largeurs.		
RAPPORTS ET INDICES INDIVIDUELS	Indice céphal.	Indice nasal.	Indice larg.-haut.	Indice haut.-long.	Indice antér.	Indice facial prop. dit.	Indice pariét. vert.	Indice pariét. zygom.	Indice latéral.	Indice oreille.	Étendue des oreilles.	V. à limite chev.	V. à ophryon.	V. à racine du nez.	V. à épine nasale.	V. à cop. interdent.	V. à trou auditif.	De l'œil.	Inter. orbitaire.	Nez.
	67,32	82,0	60,8	90,4	54,5	94,6	56,6	96,3	84,1	60,3	46,0	17,5	38,7	48,3	68,3	81,2	51,2	24,8	24,4	31,2
	69,74	97,87	65,6	94,0	60,6	101,0	62,9	96,3	90,2	65,5	50,5	16,2	40,4	49,5	69,4	82,4	59,2	21,7	29,0	35,1
	70,77	93,27	63,0	89,1	57,9	99,0	57,9	97,8	83,6	65,5	50,5	13,7	37,3	46,5	69,5	79,8	52,7	22,5	25,1	31,4
MOYENNES	69,27	91,04	63,1	91,1	57,6	98,2	59,1	96,8	85,9	63,7	49,0	15,8	38,8	48,1	69,0	81,1	54,3	23,0	26,1	32,5

Tronc et membres

I

MESURES BRUTES

	Taille debout.	Taille assis.	Sternum à siège.	Grande envergure.	Membres inférieurs.	Membres supérieurs.	Coudée.	Bras.	Avant-bras.	Main.	Pied.	DIAMÈTRES			
												B. R.	B. H.	B. I.	B. T.
MESURES INDIVIDUELLES	1,862	92,2	59,4	1,934	94,0	87,2	51,1	36,1	30,7	20,4	27,2	38,1	41,0	27,9	30,9
	1,705	82,3	54,2	1,700	88,2	80,9	48,5	32,4	29,1	19,4	27,2	33,3	38,0	2[illegible],5	30,5
	1,758	85,5	55,3	1,868	90,3	82,4	50,1	32,3	30,2	19,9	26,0	36,5	40,1	25,9	31,0
MOYENNES.	1,775	86,6	56,3	1,834	90,8	83,5	49,9	33,6	30,0	19,9	26,8	35,9	39,7	26,1	30,8

II

RAPPORTS ET INDICES

RAPPORTS ET INDICES INDIVIDUELS	R. TAILLE = 100																INDICES		
												DIAMÈTRES							
	Taille debout.	Taille assis.	Sternum siège.	Grande envergure.	Membre inférieur.	Membre supérieur.	Coudée.	Bras.	Avant-bras.	Main.	Pied.	B. A.	B. H.	B. I.	B. T.	Tête	Indice ant. brac.	$\frac{BT \times 100}{BH}$	$\frac{BI \times 100}{BH}$
	1,862	49,5	31,3	103,8	50,47	46,29	27,4	19,7	16,9	10,9	14,6	20,4	22,0	14,9	16,5	12,91	8,50	75,3	68,0
	1,705	48,2	31,7	99,1	51,73	47,44	28,3	19,0	17,6	11,3	15,9	19,8	22,2	14,3	17,8	12,7	8,98	80,2	63,1
	1,758	48,6	31,4	106,3	48,62	46,80	28,4	18,4	17,7	11,3	14,7	20,7	22,8	14,7	17,5	13,25	9,34	77,3	64,5
MOYENNES	1,775	48,7	31,4	103,0	50,27	46,84	28,0	19,0	17,4	11,1	15,0	20,3	22,3	14,6	17,2	12,93	89,4	77,6	65,2

(Extrait de *L'Anthropologie*, n° 4. Juillet-Août 1900)

ANGERS. — IMP. ORIENTALE A. BURDIN ET Cie.

MASSON et Cie, Éditeurs, Libraires de l'Académie de Médecine
120, BOULEVARD SAINT-GERMAIN

MATÉRIAUX POUR L'HISTOIRE DE L'HOMME
REVUE D'ANTHROPOLOGIE — REVUE D'ETHNOGRAPHIE
RÉUNIS

L'ANTHROPOLOGIE

PARAISSANT TOUS LES DEUX MOIS

RÉDACTEURS EN CHEF

MM. BOULE & VERNEAU

AU MUSÉUM D'HISTOIRE NATURELLE DE PARIS

PRINCIPAUX COLLABORATEURS

MM. D'ACY — BOULE — CARTAILHAC — COLLIGNON — DENIKER — HAMY — LALOY — MONTANO — Marquis DE NADAILLAC — PIETTE — SALOMON REINACH — Prince ROLAND BONAPARTE — TOPINARD — VERNEAU — VOLKOV.

Onzième Année

Un an : Paris, **25** fr. — Départements, **27** fr. — Union postale, **28** fr.

L'Anthropologie paraît depuis janvier 1890. Chaque numéro, composé de 8 feuilles, comprend :

1° Des articles originaux aussi variés que possible sur l'Anthropologie proprement dite, l'Ethnographie, la Paléontologie humaine ou l'Archéologie préhistorique ;

2° Sous la rubrique *Mouvement scientifique*, des analyses nombreuses des mémoires parus en France ou à l'étranger ;

3° Des Comptes rendus des Sociétés savantes ;

4° Des Nouvelles et Correspondances, etc.

La Revue compte parmi ses collaborateurs les savants les plus éminents, les spécialistes les plus autorisés. Elle est d'ailleurs ouverte à tous les anthropologistes, sans distinction d'école ni d'opinions scientifiques.

L'Anthropologie est une publication purement scientifique. Elle est éditée avec luxe, soigneusement imprimée sur beau papier. Les illustrations sont nombreuses, comme il convient dans toute Revue d'Histoire naturelle. Les mémoires sont accompagnés de planches ou bien de clichés intercalés dans le texte.

ANGERS. — IMP. ORIENTALE A. BURDIN ET Cie.

www.ingramcontent.com/pod-product-compliance
Ingram Content Group UK Ltd.
Pitfield, Milton Keynes, MK11 3LW, UK
UKHW022151260726
13993UKWH00005B/2307

9 782019 975173